DISNEY
LE BOSSU DE NOTRE-DAME

 **Phidal**

Publié par Les Éditions Phidal
5740 Ferrier, Mont-Royal (Québec), CANADA H4P 1M7

Imprimé aux États-Unis

ISBN: 2-89393-546-X

Un matin, pendant que les cloches de la cathédrale Notre-Dame carillonnent au-dessus des toits de Paris, un bohémien du nom de Clopin amuse un groupe d'enfants rassemblés devant son théâtre de marionnettes.

3

«Écoutez un peu comme c'est beau, dit Clopin. Mais vous savez, les cloches ne sonnent pas toutes seules.»

«Non?» demande la marionnette que Clopin porte à la main.

«Non, répond Clopin en montrant le clocher du doigt. Écoutez bien et je vous raconterai une histoire — l'histoire d'un homme et d'un monstre.»

Les enfants écoutent Clopin raconter l'histoire d'une famille de bohémiens qui était venue à Paris il y a une vingtaine d'années. Sur le quai, le méchant juge Claude Frollo et ses farouches soldats les attendaient. Frollo détestait les bohémiens qui, pour lui, représentaient tout ce qu'il y a de mauvais dans le monde.

Tandis que la famille fut emmenée en prison,
Frollo remarqua que la bohémienne portait
un paquet dans ses bras. Il ordonna aux soldats
de le saisir, croyant que c'étaient des objets
volés. Terrifiée, la jeune femme traversa le
parvis de la magnifique cathédrale Notre-Dame
et en grimpa les marches. Désespérée, elle
frappa la porte du poing en criant : «L'asile!
Donnez-nous l'asile, s'il vous plaît!»

Frollo poursuivit la femme sur son cheval et s'empara de son paquet. Il y eut une lutte et la femme, en tombant, se frappa la tête sur les marches de pierre. Tandis que Frollo regardait la femme morte, le paquet qu'il avait dans ses bras se mit à pleurer.

«Un bébé? murmura Frollo en enlevant la couverture pour regarder à l'intérieur. Non, un monstre!» s'exclama-t-il en voyant le pauvre petit être tout difforme qui se trouvait à l'intérieur.

Frollo était sur le point de laisser tomber le bébé dans un puits lorsqu'il entendit la voix de l'archidiacre percer l'obscurité. Sous l'œil vigilant de Notre-Dame, Claude Frollo craignit subitement de perdre son âme. Lorsqu'il demanda à l'archidiacre ce qu'il devait faire, ce dernier lui répondit d'adopter l'enfant et de l'élever comme le sien. Frollo accepta, mais à condition que l'enfant puisse demeurer dans le clocher de Notre-Dame.

Là, Clopin propose une devinette
à son auditoire subjugué.
«Avez-vous deviné qui est le
monstre et qui est l'homme?»

Tout au sommet du clocher de la cathédrale demeure
un jeune homme très doux qui ne sait pas qui est Clopin
et qui ne connaît pas l'histoire que celui-ci raconte.
Ce jeune homme ne sait rien du monde qui existe à ses
pieds, sauf ce qu'il a observé du haut de son clocher.
Il s'appelle Quasimodo, et il a passé ses vingt années
d'existence presque entièrement à Notre-Dame, où il
a pour tâche de sonner les magnifiques cloches.

Quasimodo vit seul, mais il a quand même trois
fidèles compagnons — Hugo, Victor et Laverne.
Pour tout le monde, ce sont de simples gargouilles
de pierre, mais pour Quasimodo, ce sont des amis
vivants et qui parlent. Aujourd'hui, les trois amis
s'attendent à assister, avec leur compagnon humain,
à une fête rituelle annuelle, la Fête des Fous.

Mais Quasimodo rentre dans sa chambre et
regarde tristement la ville en miniature qu'il a
parfaitement reconstituée.

Laverne, qui a suivi Quasimodo, lui demande :
«Penses-tu aller au festival?»

«Bien sûr, je ne pense qu'à ça, lui dit-il. Mais on ne m'acceptera jamais là-bas. Mon maître, Frollo, m'a dit que je ne suis pas...normal.»

Mais les gargouilles insistent, si bien que Quasimodo accepte d'aller à la fête.

Au moment où Quasimodo
s'apprête à sortir, Frollo
apparaît. Pendant que
Quasimodo lui récite sa leçon
du jour, il lui dit qu'il veut
assister à la fête. Frollo lui
répond que, le seul moyen
de protéger le jeune homme
de la cruauté des citadins,
c'est qu'il reste dans la
cathédrale.

Sur l'immense parvis, Esmeralda, la jolie bohémienne, joue du tambourin. Tandis que son bouc espiègle Djali danse au son de la musique, les passants jettent des pièces de monnaie dans son chapeau. Dans la foule se trouve le beau Phœbus, le nouveau capitaine de la garde de Frollo, nouvellement arrivé en ville. Son regard croise celui d'Esmeralda et, pendant un bref instant, ils se regardent silencieusement. Mais un autre bohémien donne le signal d'alerte. Djali saisit vite le chapeau entre ses dents, et les pièces de monnaie s'éparpillent sur le sol. Esmeralda court les ramasser, tandis que deux soldats approchent.

Certains qu'elle a volé cet argent, les soldats saisissent Esmeralda par le bras et lui arrachent le chapeau. Esmeralda cherche à se libérer et, avec l'aide de Djali — qui a donné un coup de cornes dans le ventre d'un des soldats — elle finit par s'échapper. Phœbus ordonne à son cheval, Achille, de se coucher sur l'autre soldat, ce qui donne à Esmeralda et à Djali le temps de disparaître dans une ruelle voisine.

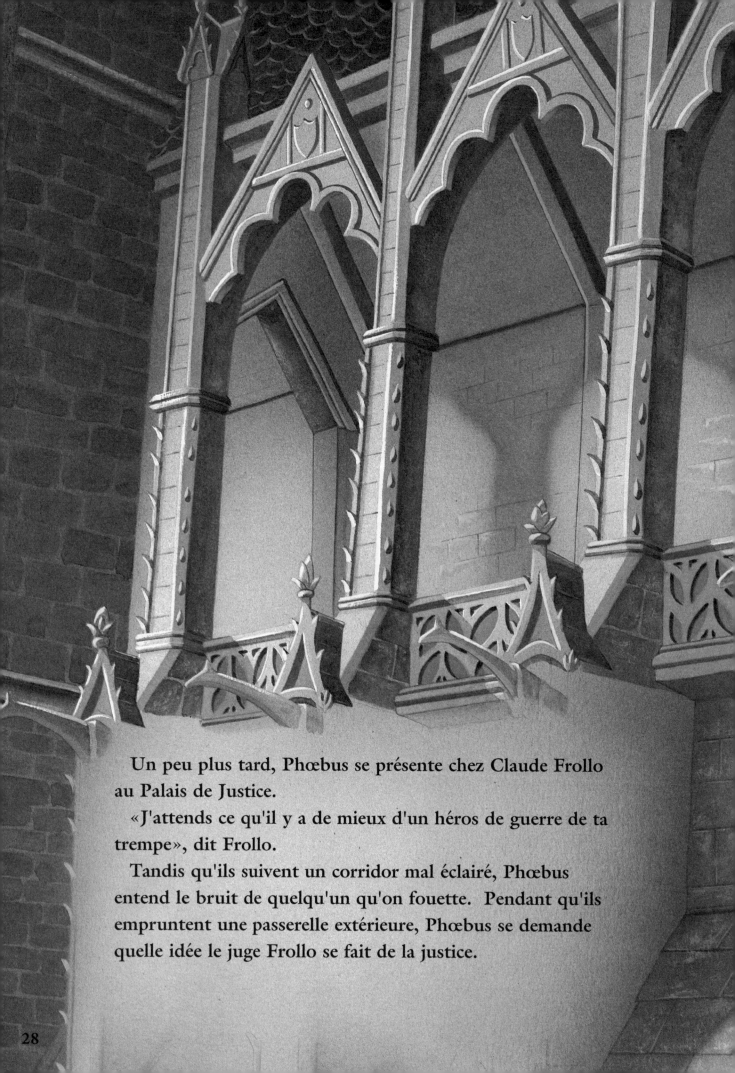

Un peu plus tard, Phœbus se présente chez Claude Frollo
au Palais de Justice.

«J'attends ce qu'il y a de mieux d'un héros de guerre de ta
trempe», dit Frollo.

Tandis qu'ils suivent un corridor mal éclairé, Phœbus
entend le bruit de quelqu'un qu'on fouette. Pendant qu'ils
empruntent une passerelle extérieure, Phœbus se demande
quelle idée le juge Frollo se fait de la justice.

«Écoutez, capitaine - ce sont des bohémiens, dit gravement Frollo, en montrant du doigt la foule fascinée qui entoure Esmeralda qui est en train de danser. Je crois qu'il y a, dans l'enceinte des murs de cette ville, un endroit où ils sont en sécurité. On l'appelle la Cour des Miracles.»

«Et qu'est-ce que vous comptez faire?» lui demande Phœbus. Pour toute réponse, Frollo prend une pierre et s'en sert pour écraser un nid de fourmis qui était caché sous la rampe.

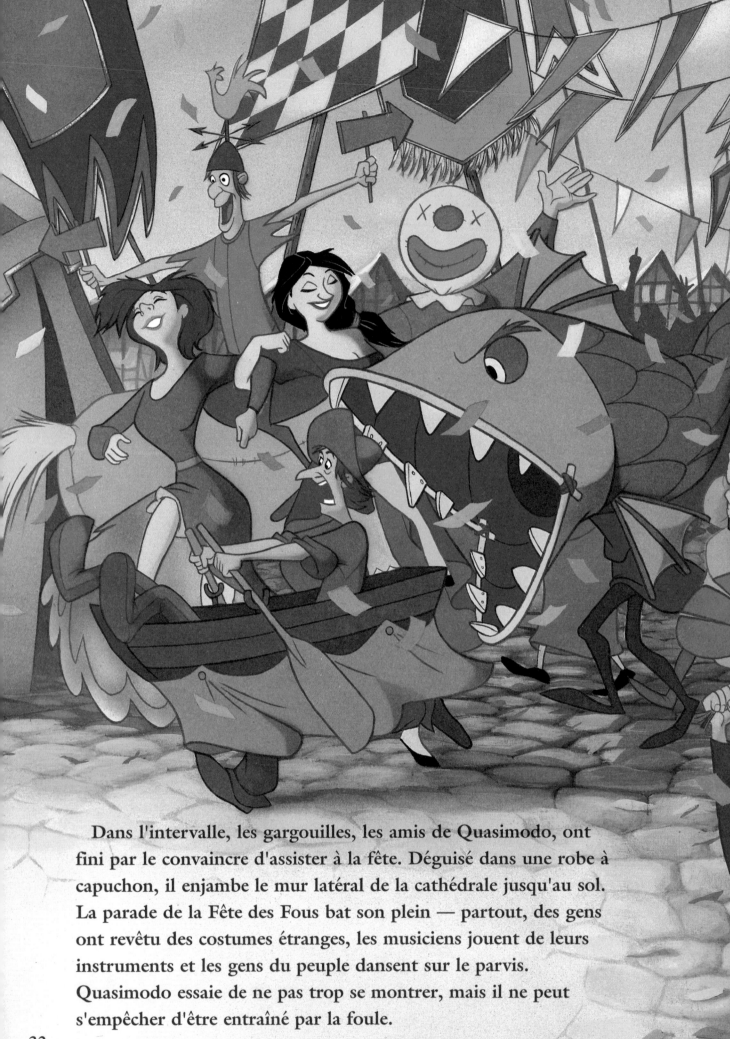

Dans l'intervalle, les gargouilles, les amis de Quasimodo, ont
fini par le convaincre d'assister à la fête. Déguisé dans une robe à
capuchon, il enjambe le mur latéral de la cathédrale jusqu'au sol.
La parade de la Fête des Fous bat son plein — partout, des gens
ont revêtu des costumes étranges, les musiciens jouent de leurs
instruments et les gens du peuple dansent sur le parvis.
Quasimodo essaie de ne pas trop se montrer, mais il ne peut
s'empêcher d'être entraîné par la foule.

Tandis qu'il cherche un endroit pour se cacher, le jeune homme troublé perd l'équilibre et tombe dans la tente où Esmeralda s'habille.

«Vous ne vous êtes pas fait mal?» lui demande la jolie bohémienne. Tandis qu'elle soulève son capuchon, Quasimodo, atterré, s'attend à entendre un cri d'horreur.

Mais Esmeralda se contente de lui faire un compliment : «Quel beau masque!» dit-elle.

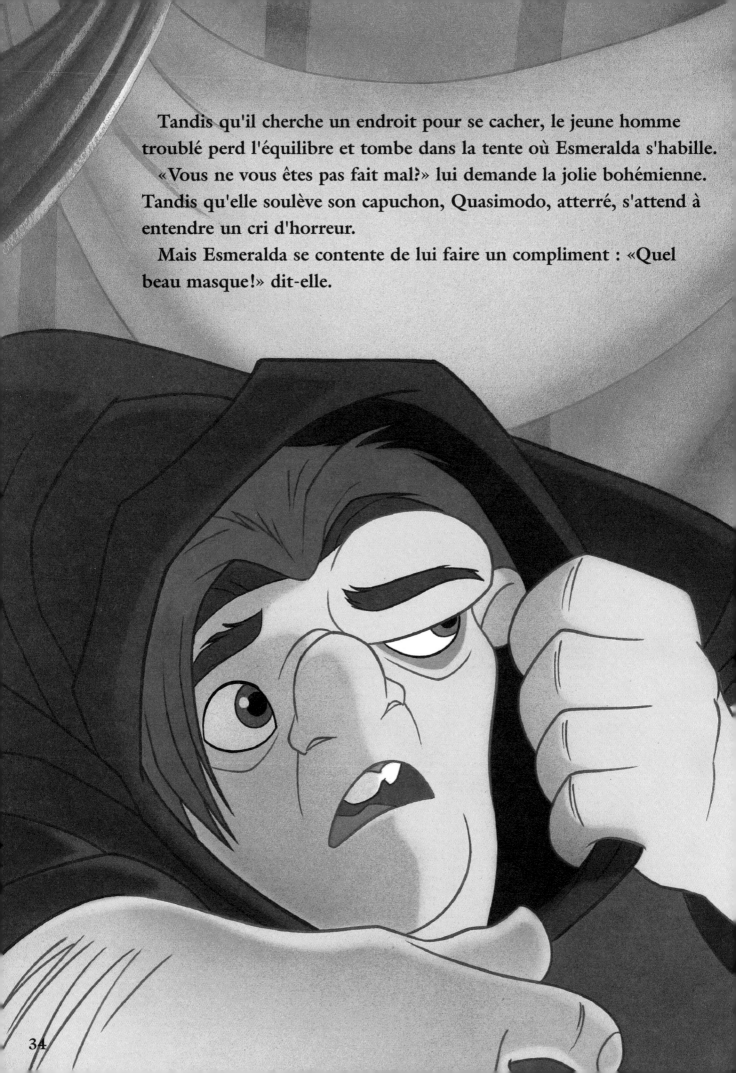

Quasimodo, ravi par la fête, se promène sur
le parvis. Peu après, Esmeralda va donner
son spectacle. Elle danse en direction de
Frollo, qui est assis dans les tribunes.
Le juge ne quitte pas la bohémienne des yeux.
Phœbus et Quasimodo non plus, d'ailleurs.
Esmeralda fait même un clin d'œil à
Quasimodo en passant devant lui,
ce qui le fait rougir.

Lorsqu'elle a fini de danser, Clopin
réapparaît sur la scène pour annoncer
le couronnement du roi des fous.

Au milieu de la bousculade de gens au visage
revêtu d'un masque grotesque, Esmeralda
aperçoit Quasimodo et le fait monter sur
l'estrade. Elle examine chacun des concurrents
pour le titre de roi des fous en enlevant son
masque à chacun. Mais lorsqu'elle arrive devant
Quasimodo, elle comprend qu'il ne s'agit pas
d'un masque!

Un murmure s'élève de la foule et Clopin dit :
«Nous voulions le visage le plus laid de Paris.
Eh bien, le voilà!»

On promène Quasimodo à travers les rues,
le plus laid de tous les rois des fous qu'il y ait
jamais eus. Mais la foule devient houleuse et se
met à lui lancer des fruits et des quolibets.
Frollo ne bouge pas, même quand Quasimodo,
mort de frayeur, est attaché au pilori et
implore son aide.

39

Esmeralda vient au secours de Quasimodo, ce qui fait
enrager Frollo, qui ordonne que l'on arrête la jeune
bohémienne. Dans une poursuite effrénée, elle évite les
soldats et, avec Djali, se réfugie dans la cathédrale.
Phœbus la suit, mais au lieu de l'arrêter, il dit à Frollo
qu'Esmeralda demande le droit d'asile. L'archidiacre vient
la rejoindre pour lui assurer que personne ne lui fera de
mal entre les murs de la cathédrale.

À son retour, Quasimodo, le cœur brisé, regarde Esmeralda qui se promène dans la cathédrale. Lorsqu'il se réfugie dans sa chambre, elle le suit afin de lui demander des excuses pour ce qui s'est passé à la fête.

Dans le clocher, tout en haut de la tour, Esmeralda félicite Quasimodo pour le modèle en miniature de Paris qu'il a sculpté. En parlant à cette jolie fille si aimable, Quasimodo se demande si ce que Frollo lui a dit des bohémiens est bien vrai. Et quand Esmeralda lui dit qu'il n'est pas un monstre comme son maître le lui a dit, Quasimodo ne demande pas mieux que de la croire sur parole.

Quasimodo offre à Esmeralda de l'aider à
s'échapper de la cathédrale sans qu'on la voie.
En tenant la bohémienne et Djali dans ses bras,
il saute adroitement du clocher et descend rapi-
dement le long de la façade de la cathédrale.
Lorsqu'ils touchent terre, Esmeralda embrasse
Quasimodo et lui donne un collier tissé. «Il
t'aidera à trouver la Cour des Miracles»,
dit-elle, après quoi elle s'enfuit.

Lorsqu'il revient dans son clocher, Quasimodo
rencontre Phœbus qui est à la recherche
d'Esmeralda. Il demande à Quasimodo de dire
à la bohémienne qu'il ne lui veut pas de mal.
Après le départ de Phœbus, les gargouilles
disent qu'elles croient Esmeralda amoureuse
de Quasimodo. Celui-ci leur a bien dit qu'elles
ont tort, mais il espère secrètement que ce soit
vrai quand même.

Quand Frollo apprend qu'Esmeralda s'est échappée de Notre-Dame, il ordonne à ses soldats de perquisitionner dans chaque maison. Furieux du peu de succès de ses recherches, Frollo met même le feu à la maison d'un meunier sous prétexte que sa famille avait hébergé des bohémiens.

Là, Phœbus comprend que Frollo est un méchant homme. Le brave capitaine pénètre dans le moulin en flammes et sauve la famille du meunier. Immédiatement, Frollo condamne celui-ci à mort. Mais au moment où Phœbus va être exécuté, Esmeralda effraye le cheval de Frollo et Phœbus s'échappe sain et sauf.

47

Au cours de sa fuite, Phœbus est blessé par une flèche et tombe dans le fleuve. Frollo le laisse pour mort, Esmeralda lui sauve la vie, puis l'amène à Notre-Dame.

Tout d'abord, Quasimodo croit que la visite d'Esmeralda signifie qu'elle éprouve vraiment de la tendresse pour lui. Puis, il se rend compte qu'elle est venue en amie et qu'elle voulait cacher Phœbus. Lorsqu'il entend la jeune bohémienne parler à Phœbus, il comprend qu'Esmeralda est amoureuse du capitaine. Quasimodo en a le cœur brisé.

La voiture à chevaux de Frollo s'arrête à l'improviste devant la cathédrale. Esmeralda se tourne vers Quasimodo et lui dit : «Promettez-moi de ne pas permettre qu'il lui arrive du mal.»

Frollo entre dans la chambre de Quasimodo et s'assied devant la table où se cache Phœbus. Frollo remarque que Quasimodo se comporte de façon étrange, ce qui éveille ses soupçons. Bientôt, il aperçoit la petite figurine sculptée d'Esmeralda que Quasimodo a ajoutée à sa ville miniature. «Elle ne te tourmentera plus, lui dit le juge en mettant le feu à la poupée et en s'apprêtant à partir. Je sais où elle se cache... et demain à l'aube, j'attaque avec mille hommes.»

Dès que Frollo est parti, Phœbus
demande à Quasimodo de l'aider
à retrouver Esmeralda. Mais
Quasimodo, qui craint de désobéir
encore à Frollo, refuse de partir avec
lui. Tristement, Phœbus s'éloigne
tout seul.

Enfin, pensant à son amitié avec
Esmeralda, Quasimodo décide d'aider
Phœbus à trouver la bohémienne
pour la sauver des mains des hommes
de Frollo.

Tandis que Frollo le regarde, Quasimodo rejoint Phœbus et lui montre l'amulette. Quasimodo lui explique qu'il s'agit d'un plan de Paris et ils suivent ce plan jusqu'au cimetière. Là, Quasimodo trouve un escalier dissimulé entre les tombes et ils descendent tous deux dans des tunnels sombres. Silencieusement, les squelettes qui les entourent, qui sont en réalité des bohémiens déguisés, se lèvent et se mettent à suivre Phœbus et Quasimodo.

Soudain, ils sont plongés dans l'obscurité. Quand les lumières se rallument, les deux sont entourés de monde.

«Alors, qu'est-ce qui se passe?» dit Clopin en se détachant de la foule. Phœbus et Quasimodo sont escortés jusqu'à l'échafaud dressé au centre de cette place extraordinaire, où deux cordes sont pendues à la potence. Clopin leur met un bâillon, puis il met en scène un soi-disant procès de marionnettes, au cours duquel ils sont reconnus coupables d'être des espions de Frollo.

Au moment où Quasimodo et Phœbus sont sur le point d'être pendus, Esmeralda sort de la foule et monte sur l'estrade. «Arrêtez! crie-t-elle. Ces hommes sont nos amis! Voici le soldat qui a sauvé la famille du meunier, et Quasimodo m'a aidée à m'échapper de la cathédrale.»

Après qu'Esmeralda a enlevé leurs bâillons, Phœbus se tourne vers la foule et annonce : «Nous étions venus vous avertir — Frollo arrive!»

«Vous avez pris un risque terrible en venant ici, dit Esmeralda à Phœbus. Même si ça ne se voit pas trop, nous vous sommes reconnaissants.»

«Ne me remerciez pas, proteste Phœbus. Remerciez Quasimodo. Sans son aide, je n'aurais jamais trouvé mon chemin jusqu'ici.»

«Moi non plus!» s'écrie, d'un air triomphateur, Frollo qui vient
d'arriver avec une armée de soldats. Fièrement, il se dirige vers
l'endroit où se trouvent Phœbus, Esmeralda et Quasimodo, tandis
que les familles de bohémiens, effrayées, cherchent à s'échapper.

«Il m'a mené vers vous, ma chère, dit Frollo, en regardant Esmeralda
d'un sourire mauvais. Il ne déçoit jamais son maître.»

«C'est donc sûrement que vous l'avez trompé!» l'accuse Esmeralda.

Quasimodo est épouvanté. Ses amis ont été capturés par sa faute. Tandis que les soldats emmènent Esmeralda et Phœbus enchaînés, Frollo ordonne qu'on enchaîne son élève dans la tour de la cathédrale.

À la tombée de la nuit, une estrade a été dressée sur le parvis. Frollo apparaît et, tandis que deux gardes attachent Esmeralda à la potence, ils annoncent : «La prisonnière a été déclarée coupable du crime de sorcellerie. La sentence...c'est la mort!»

Non loin de là, Phœbus est emprisonné dans une cage entourée de gardes. Il regarde, impuissant, Frollo qui apporte une torche à Esmeralda.

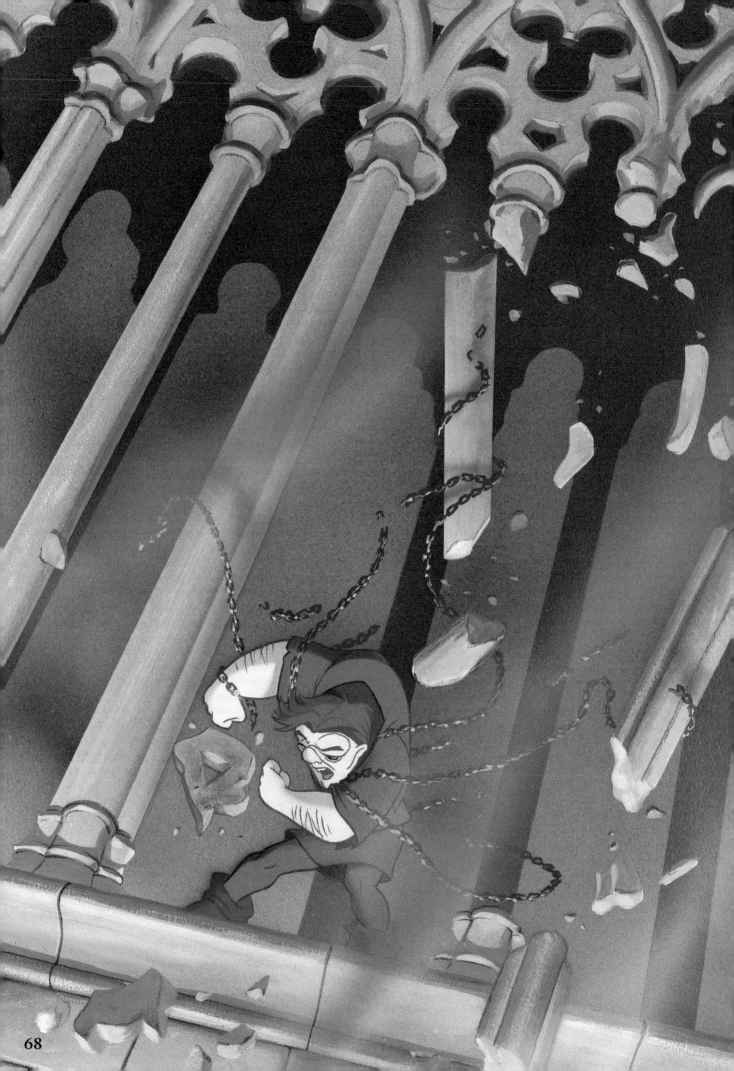

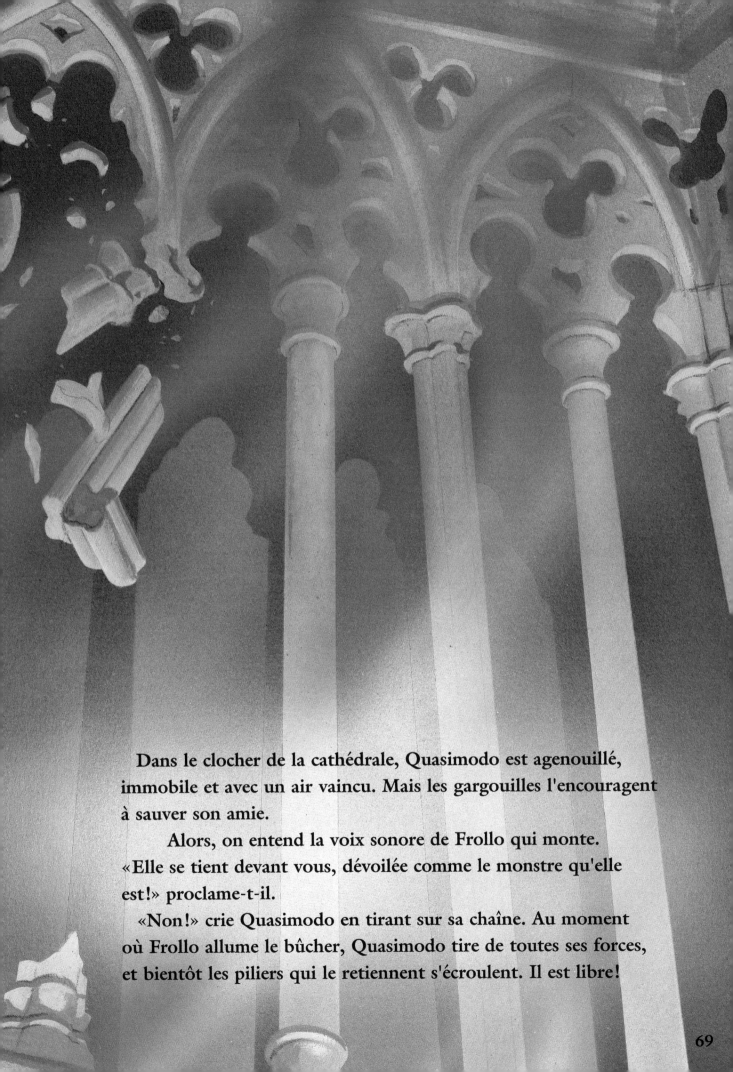

Dans le clocher de la cathédrale, Quasimodo est agenouillé, immobile et avec un air vaincu. Mais les gargouilles l'encouragent à sauver son amie.

Alors, on entend la voix sonore de Frollo qui monte. «Elle se tient devant vous, dévoilée comme le monstre qu'elle est!» proclame-t-il.

«Non!» crie Quasimodo en tirant sur sa chaîne. Au moment où Frollo allume le bûcher, Quasimodo tire de toutes ses forces, et bientôt les piliers qui le retiennent s'écroulent. Il est libre!

Sans tarder, Quasimodo descend le mur de la cathédrale et atterrit sur l'estrade installée sur le parvis, où il arrache Esmeralda au feu. Les soldats accourent vers lui, mais il les menace avec une poutre. Alors, il prend Esmeralda dans ses bras et escalade la façade de Notre-Dame tandis que la foule regarde, émerveillée.

Quasimodo se hisse sur la balustrade et soulève Esmeralda, inconsciente, au-dessus de sa tête.

«Le droit d'asile, s'il vous plaît!» crie-t-il.

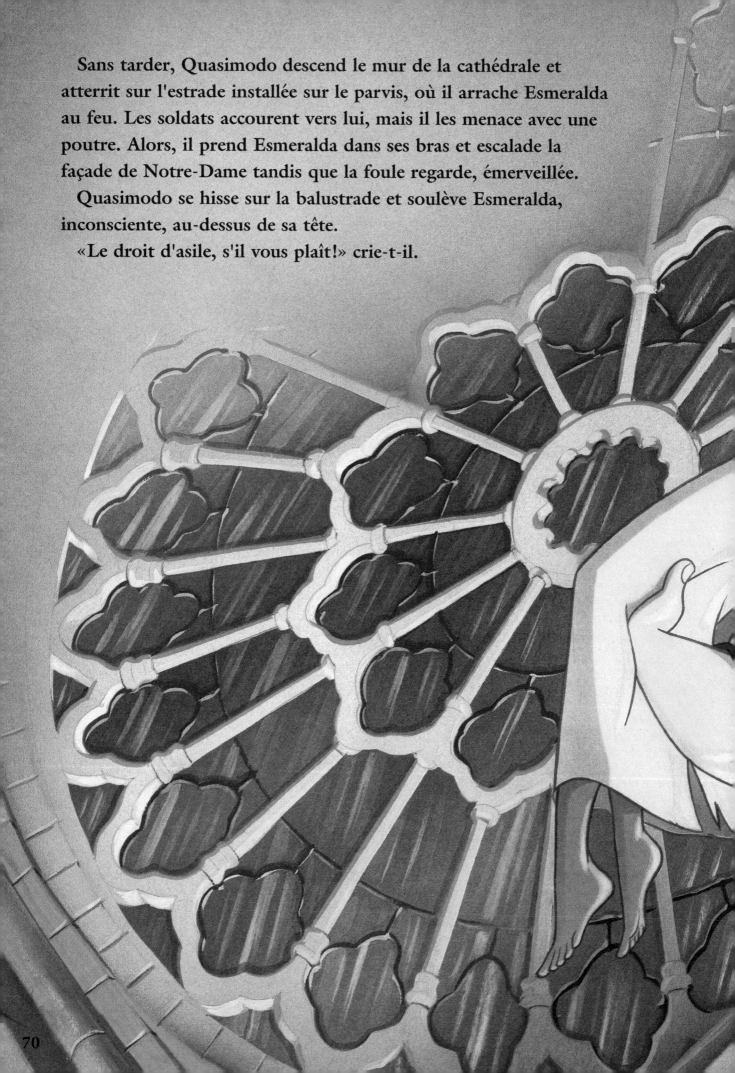

«Attaquez la cathédrale!» crie Frollo, bien qu'il n'ait aucune autorité dans l'église.

Dans la tour de la cathédrale, Quasimodo dépose Esmeralda sur un lit de paille. Il sort et, en regardant par-dessus la balustrade, il aperçoit les soldats de Frollo qui entourent la cathédrale.

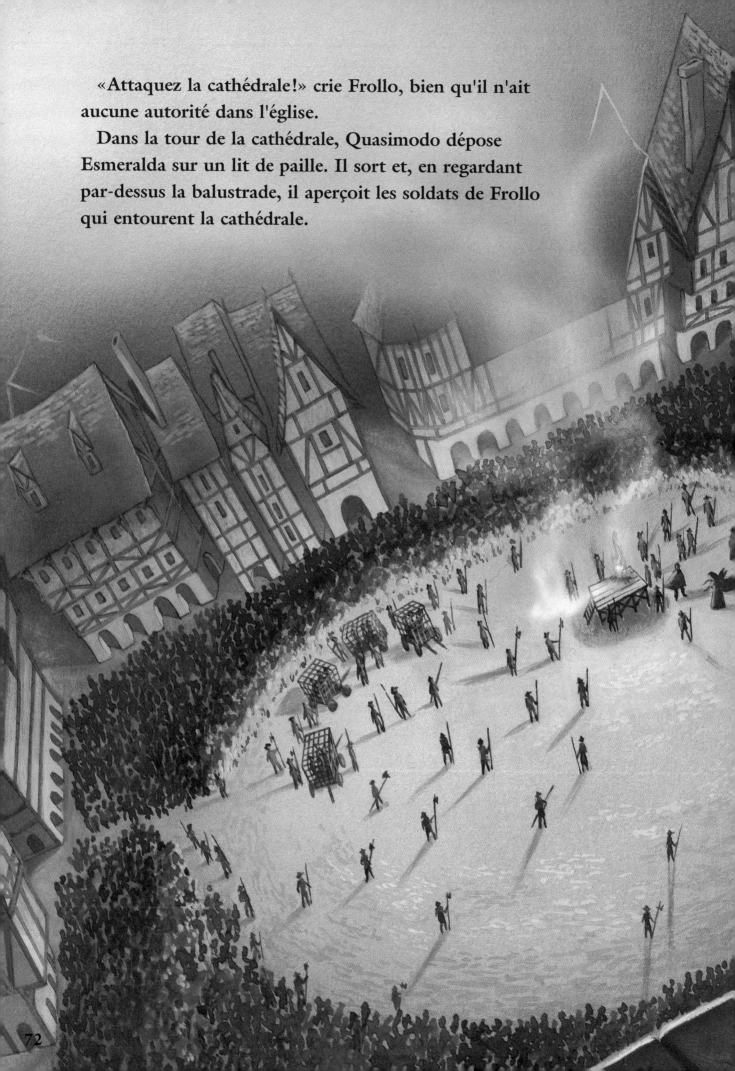

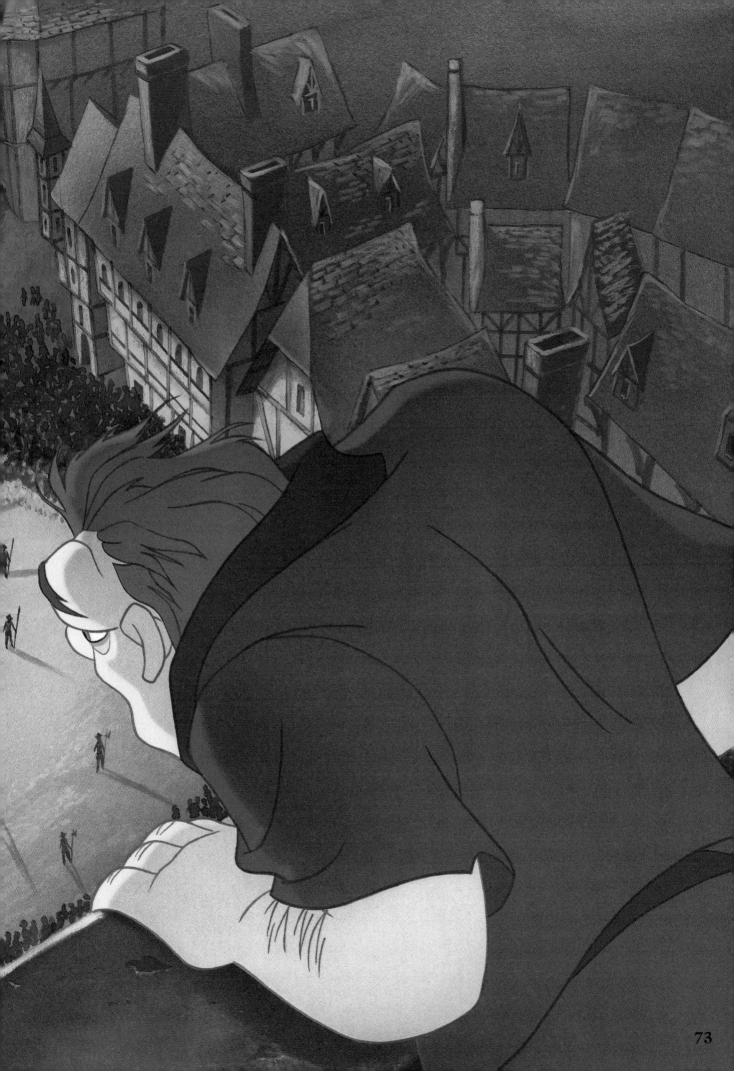

Quasimodo jette des morceaux de bois et de maçonnerie par-dessus la balustrade sur le côté de la cathédrale, et les soldats s'enfuient dans tous les sens. Puis, il ramasse une poutre et la jette par-dessus le côté de la balustrade. Elle s'écrase sur la voiture à chevaux de Frollo.

Entre-temps, Phœbus s'est emparé des clés du gardien, et lui et
Clopin se sont libérés des chariots où ils étaient emprisonnés.

«Citoyens de Paris, crie Phœbus. Frollo a persécuté notre peuple,
pillé notre ville...et maintenant il déclare la guerre à Notre-Dame.
Le laisserons-nous agir ainsi?»

«NON!» crie la foule en colère que Clopin et Phœbus entraînent
vers la cathédrale.

À l'intérieur de Notre-Dame, Quasimodo et ses amis les gargouilles résistent par tous les moyens à l'attaque des troupes de Frollo. Quasimodo commence à se fatiguer; l'afflux de soldats, semble-t-il, est inépuisable. Il entend les portes de la cathédrale se briser sous les coups des troupes.

«La situation est désespérée», murmure-t-il en se reposant un instant.

Soudain, il a une idée.

Hugo et Victor attisent les flammes sous l'énorme cuve de plomb que Quasimodo a toujours dans le clocher de la cathédrale. Quasimodo, de toutes ses forces, renverse la cuve remplie de liquide, et le plomb en fusion s'écoule par-dessus le côté du mur et devant les portes de la cathédrale comme un rideau incandescent.

Les soldats laissent tomber les béliers et se dispersent, laissant Frollo seul dans sa rage.

Frollo évite la pluie de plomb de justesse et ouvre de force le portail de la cathédrale avec son épée.

Perché au sommet de la tour de la cathédrale, Quasimodo se réjouit. «Ils battent en retraite! dit-il. Esmeralda, réveillez-vous! Vous êtes en sûreté!»

Mais Esmeralda est toujours immobile, couchée sur son lit de paille.

Frollo se tient dans l'encadrement de la porte de
la salle qui mène au clocher de la cathédrale et voit
Quasimodo qui pleure, penché sur le corps immobile
d'Esmeralda.

Tandis que Quasimodo s'agenouille, Frollo lève un
poignard au-dessus de la tête du jeune homme.
Mais Quasimodo a aperçu juste à temps l'ombre
de Frollo sur le mur. Il jette son attaquant au sol.
   «Toute ma vie, vous m'avez dit que
le monde est un endroit cruel, dit
Quasimodo en regardant Frollo
étendu à ses pieds. Maintenant,
je vois que ce qu'il y a de plus
cruel, c'est vous!»

C'est alors qu'une voix très douce appelle : «Quasimodo.»

C'est Esmeralda! Quasimodo accourt à ses côtés et la soulève,
tandis que Frollo, qui a tiré son épée, le poursuit sur la balustrade.
Frollo essaie de frapper Quasimodo, qui tient Esmeralda d'un bras
en s'accrochant de l'autre bras à une gargouille. Quasimodo se
redresse sur le bord de la balustrade, mais Frollo, qui continue
d'attaquer, blesse Quasimodo au poignet.

Enfin, Quasimodo arrive à porter Esmeralda en sécurité. Puis, il grimpe sur une gargouille et se retrouve face à face avec Frollo.

Après une lutte, Quasimodo et Frollo tombent de la balustrade. Esmeralda agrippe la main de Quasimodo et l'empêche de tomber plus bas, tandis que Frollo réussit à grimper sur une autre gargouille.

Esmeralda se trouve maintenant à proximité
de Frollo, qui lève son épée. Juste à ce moment-là,
la gargouille sur laquelle il est perché se détache de
la cathédrale et Frollo s'écrase sur le parvis.

Esmeralda ne peut plus retenir Quasimodo. Elle
lâche prise, et lui aussi commence à tomber.
Heureusement, Phœbus, qui se trouve plus bas,
se penche dehors et attrape leur noble ami au vol.

À l'aube, toute la population de Paris s'efforce d'effacer les traces de l'attaque furieuse de Frollo. Quand les portes de la cathédrale s'ouvrent, Esmeralda et Phœbus arrivent sur le parvis, la main dans la main. Un instant plus tard, sur l'appel d'Esmeralda, Quasimodo apparaît dans la lumière du soleil. Curieuse, la foule l'entoure, mais personne ne sait exactement que dire ni que faire. Alors une petite fille s'approche de Quasimodo et lui touche délicatement le visage.

«Vive Quasimodo!» crie Clopin.

Dans le clocher de la cathédrale, Hugo, Victor et Laverne sourient en regardant la scène de bonheur qui se déroule à leurs pieds. «Hip! hip! hourra!» crie la foule en délire, tandis qu'on hisse Quasimodo sur les épaules et qu'on traverse le parvis. «Hip! hip! hourra!» crie-elle en l'honneur du héros de la ville.

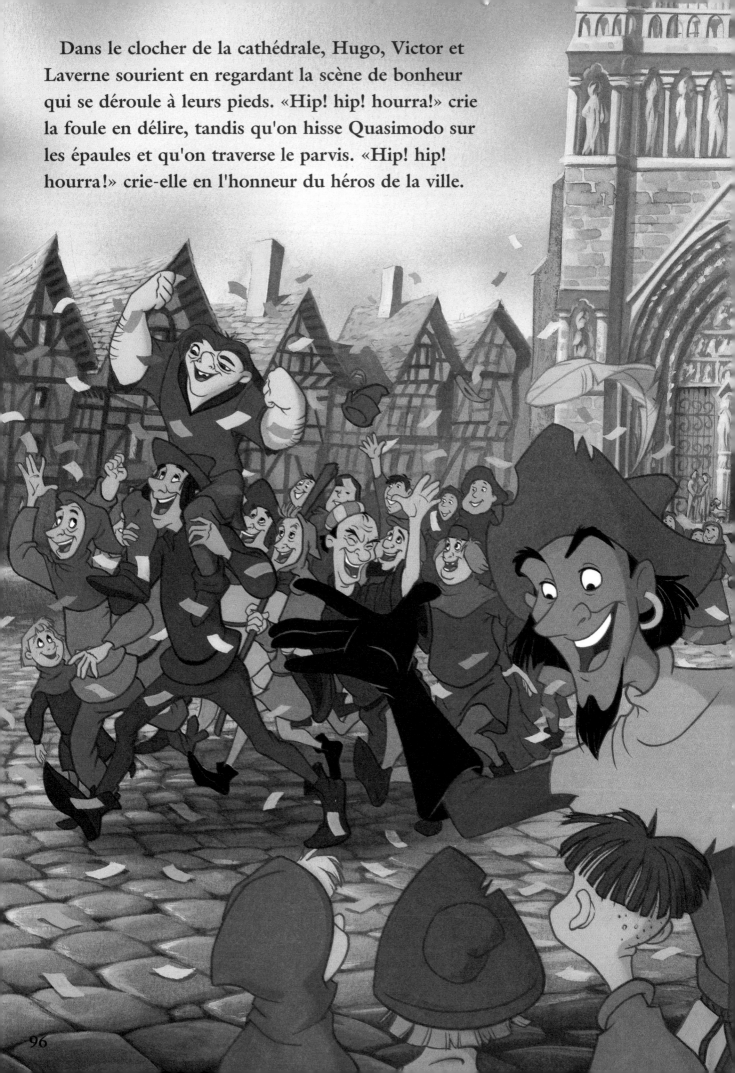